Anika Calea

Anika Calea

Anika Calea

Schmetterlingsflug

Anika Calea

Bibliografische Information der Deutschen Nationalbibliothek: Die Deutsche Nationalbibliothek verzeichnet diese Publikation in der Deutschen Nationalbibliografie; detaillierte bibliografische Daten sind im Internet über dnb.dnb.de abrufbar.

© 2020 Steidel, Anika
Herstellung und Verlag: BoD - Books on Demand, Norderstedt
ISBN 9783750462465

Anika Calea

Liebe Poesiefreundin,
lieber Poesiefreund,

dies ist meine Geschichte in Gedichten.
Worte, direkt aus meinem Herzen auf Papier.
Es könnte aber genauso gut auch deine Geschichte sein,
denn diese Worte sind für alle.
Für alle, die in ihrem Leben etwas suchen und finden
möchten.
Für alle, die bereit sind das Leben das uns geschenkt
wurde anzunehmen und auszufüllen.
Für alle, die wieder ihre Träume leben möchten und an
Wunder glauben.
Dies ist Poesie für alle. Dies ist Schmetterlingsflug.

Herzlichst

Anika Calea

Eine kleine Anmerkung:
ich erlaube mir die künstlerische Freiheit, meine Gedichte ganz nach
meinem Gefühl und nicht nach den gültigen grammatikalischen
Regelungen und der aktuellen Rechtschreibreform zu gestalten. Ich
bitte diesbezüglich um Verständnis. Danke!

Anika Calea

**entdecke
verstehe
liebe
lebe**

Anika Calea

entdecke

Anika Calea

Wer bist du oder wer möchtest du sein?
Bist du mehr Schein als Sein?
Dann lüfte die Maske
und nutze Emotion als Chance unserer Zeit!
Denn Liebe ist alles, also steh dir nicht im Weg,
sondern glaub an dich.
Sei freundlich, aber bestimmt
und werde dir bewusst was wirklich zählt.
Definiere deinen eigenen Weg
und tue was zu tun ist.
Du darfst alles sein, also lerne dich kennen.
Und denk an das Karma Baby, es vergisst nie.
Das Herz weiß es besser und dein Bauchgefühl auch.
Geduld ist eine Tugend,
deshalb Slowmotion oder chill mal.
Und dann steh auf und kreiere deinen eigenen Trend.
Werde dein bester Freund
und denk immer daran:
alles hat seinen Sinn!!!

Anika Calea

Sag mir wer du bist und erkenne wer du sein willst.
Renne mit deinen Träumen im Wind
und erklimme die Stufen deiner Sehnsucht.
Lass dich nicht trüben durch die Angst der Anderen.
Springe höher als du fliegen kannst
und tanze im Takt deiner Intuition.
Du bist alles in dir und noch so viel mehr.
Vertraue und du wirst belohnt werden

Anika Calea

Ich bin verwirrt, weiß nicht wohin,
alles dreht sich, suche den Sinn.

Es treibt mich an immer weiter zu gehen,
denn es ist keine Option auf der Stelle zu stehen

Anika Calea

Zeit ist ein Geschenk der Gegenwart,
Erinnerungen sind Momente der Vergangenheit
und positives Denken ist der Antrieb der Lebensfreude
für die Zukunft

Anika Calea

Du bist das Mädchen, dass alles kann,
also spring, spring höher
als die denken,
renn, renn schneller
als die erwarten.
Denn das Denken vergisst das Herz
und Erwartungen frustrieren nur.
Aber du springst und rennst mit Gefühl
und kannst somit alle Grenzen überwinden

Du bist die Frau die nichts fürchtet,
also träume, träume weiter
als die sehen können,
liebe, liebe intensiver
als die verstehen.
Denn Träume im Herzen
sind für Schöpfer
und Liebe zu leben
ist für die Mutigen

Anika Calea

Lass sie fliegen die Angst,
in die Wolken der Zeit.
Ziehe los mit dem Mut,
der für Ewigkeiten reicht.
Spür den Atem der Freiheit,
wie er dich packt.
Bleibst du verschlossen
oder machst du dich nackt?!

Anika Calea

Das Glück der Vergangenheit lässt sich nicht festhalten,
es rinnt durch meine Finger wie flüssiger Sand,
schwebt wie ein Atemhauch durch die Gassen der Nacht.
Was bleibt ist das Gefühl,
es durchwandert meinen Körper
und lässt mein Herz erleben,
was mein Verstand nicht versteht

Anika Calea

Im Moment findet die Ewigkeit ihre Schönheit

Anika Calea

Bist Frau, bist Mädchen,
warum nicht zusammen?
Geballte Kraft,
starke Schwäche,
tiefe Emotion.
Ohne Furcht am Puls des Lebens!

Anika Calea

Die schlechten Tage sind das Sprungbrett zum Erfolg

Anika Calea

Bräuchten alle wieder etwas mehr Schwäche
zum MUTIG sein

MUTIG zu lieben
MUTIG zu danken
MUTIG zu verzeihen

Anika Calea

Erfolg ist die Summe aus Erfüllung und Leidenschaft

Anika Calea

Du bist Schatten & Sonne
bist Himmel & Mond
entdeckst alle Facetten
weil es sich lohnt

Anika Calea

Tue es für dich

Anika Calea

Heimkehren zu sich selbst,
kann man nur auf seinem eigenen Weg

Anika Calea

Nur weil man den Weg nur bis zur nächsten Biegung sehen kann, bedeutet das nicht, dass der Weg nicht weitergeht

Anika Calea

Wandere durch jedes Tal mit erhobenem Haupt
und erklimme jede Bergspitze mit Demut,
denn jeder Moment auf dem Weg,
beinhaltet genauso viel Zielvorstellung,
wie der Moment am Ziel genauso viel Wegstrecke
beinhaltet

Anika Calea

In der Nacht, wenn mein Verstand schläft,
geht meine Seele Hand in Hand
mit meinem Herzen spazieren

Anika Calea

Wir blühen am Tag und schlafen in der Nacht.
Oder war das andersherum?

Anika Calea

Der Wind ist frei und unabhängig,
er streift den Ast,
berührt das Blatt,
lässt sich aber nirgends ganz nieder.
Und du?

Anika Calea

verstehe

Manche denken ausgetretene Pfade laufen sich leichter, doch in den Schlaglöchern der Anderen kann man nur versinken.

Nichts passt so perfekt wie die eigene Spur deiner Füße.

Niemand wird sie je so gehen wie du!

Anika Calea

Wer in der Dunkelheit lächelt, tut dies für sich
und nicht für die Anderen.
Das Schöne ist aber, dass er damit ganz automatisch
auch die Anderen erreicht

Anika Calea

Ein goldener Rahmen bedeutet nicht,
dass die Leinwand auch glänzt
Ein goldenes Herz allerdings,
bleibt auch für denen einen Spalt geöffnet,
der sich vor dem Glanz fürchtet

Anika Calea

Zeilen der Unschuld,
werden zu Worten der Tat,
werden zu Taten die die Welt verändern

Anika Calea

Ich glaube das Schicksal ist eine gute Freundin,
die uns in guten und schlechten Zeiten spiegelt.
Wir bestimmen den Plan,
nicht immer bewusst,
aber meistens unbewusst.
Nichts geschieht ohne Sinn,
der Geist der Sinnhaftigkeit
wartet vielleicht nur hinter der nächsten Ecke.
Hab Vertrauen!

Anika Calea

In der Stille der Nacht
werden Ideen geboren
die größer sind
als unsere Vorstellungskraft

Anika Calea

Hey du,
mach mal Platz,
ich will die Sterne sehen.
Denn in jedem Stern steckt ein Traum,
der darauf wartet gelebt zu werden.
Jede Sternschnuppe trägt einen Schweif voller Ideen,
die auf uns regnen um von uns umgesetzt zu werden.
Und das Licht des Mondes,
weist uns den Weg zu großen Möglichkeiten!

Anika Calea

Fragen sind wie Zündhölzer,
sie feuern die Neugierde,
das Weiterkommen an.
Antworten sind der Sauerstoff,
sind der Nährboden für mehr.
Sie treiben uns an, auf die Antwort von heute,
morgen eine Frage zu stellen.
Nichts ist definitiv, außer vielleicht,
dass nichts definitiv ist

Anika Calea

Ich bin mutig, selbstständig meinen Weg zu gehen
und es immer wieder zu tun.
Ich bin mutig, Gefühle zu zeigen und zu leben.
Aber am aller mutigsten ist es loszulassen
und darauf zu vertrauten,
dass alles im besten Sinne für mich geschieht

Gottvertrauen

Anika Calea

Etwas festhalten in einem vorgegebenen Raum,
nur weil die Gefahr besteht, es könnte sich sonst
zu stark und eigensinnig entfalten,
ist nicht die Lösung

Anika Calea

Eine Wunde heilt auf ihre ganz eigene Art und Weise

Anika Calea

Deine Wahrheit scheint aus deinen Augen,
suche sie nicht in den Augen der Anderen

Anika Calea

Die Kunst des Vergessens ist nicht das Vergessen selbst, sondern in Liebe zurückzuschauen auf salzigen Regen

Anika Calea

Im Schatten der Anderen
wirst du dein Spiegelbild nicht erkennen

Anika Calea

Im Tageslicht glänzt der Diamant
In der Dunkelheit leuchtet die Seele des Kieselsteins

Anika Calea

Ich wähle es glücklich zu sein

Anika Calea

In der Ruhe fügt sich das Puzzle wie von Zauberhand

Anika Calea

Bekenntnisse der Angst, sind die ersten Schritte zur Freiheit

Anika Calea

Es geht nicht ums gewinnen, es geht ums nicht aufgeben

Anika Calea

Träume sind auf Stelzen der Hoffnung gebaut

Bade in deiner Leidenschaft, koste es was es wolle,
aber nie auf Kosten deines Friedens, deiner Liebe,
deines Glücks

Anika Calea

Aufgeben, ist kurz vor dem Ziel nicht mehr an sich glauben und das ist keine Option

Anika Calea

Wir streben so sehr danach gefallen zu wollen,
dass wir darüber ganz vergessen wer wir eigentlich sind.
Die Angst nicht dazuzugehören treibt uns an unsere eigene
Wahrheit zu vergessen, bis wir unser Spiegelbild fürchten.
Erst wenn der Spiegel bricht und wir uns trauen in das
Gewirr der Seelenscherben zu schauen, haben wir die
Möglichkeit unser Seelenbild wieder zusammenzusetzen,
im Angesicht unserer tiefsten Wahrheit

Anika Calea

Es liegt alles in uns
Hell und Dunkel
Mut und Angst
wir müssen uns nur trauen die Lampe anzuknipsen
und die Schatten zu beleuchten
das lässt uns menschlich erscheinen
und nimmt ihnen den Schrecken

Anika Calea

Strahlende Augen

Unsere Augen sollten wieder mehr strahlen. Diesen natürlichen Funken der Schönheit enthalten, der keck in die Welt glänzt.

Doch leider sehen so viele nur noch trüb und stumpf in ihren Tag. Kneifen hastig die Augen vor der Zukunft zusammen. Zu schade. Wo oder besser wann ist nur dieses Strahlen abhanden gekommen?

In Stunden der Leere, Tagen der Angst vor dem was kommen könnte, in den Erwartungen derer, die selbst nicht wissen wo ihre Freude wohnt?!

Dann denke ich an Kinderaugen und ihren Glanz der Vorfreude und versuche mich daran zurückzuerinnern. Verwischt von der Härte der Zeit, zerbröselt wie die Kreide auf der Schiefertafel. Wie gerne würde ich dieses Gefühl wieder fassen können. Als Kinder waren wir mutiger und wir lebten die Magie. Nichts war unmöglich, Wunder waren unsere Realität und die Welt ein Spielplatz der Möglichkeiten. Warum bedeutet erwachsen werden dies alles aufzugeben? Was gewinnen wir denn dazu? Ich sehe uns nur verlieren. Wir sollten wieder zu Kindern werden und den Funken wiedererwecken. Albern sein, im Regen tanzen, an den Weihnachtsmann glauben und alles sein können. Wieder träumen mit offenen Augen. Ich glaube, dann könnten unsere Augen wieder strahlen. Wir sollten es zumindest versuchen.

Anika Calea

In tiefster Sehnsucht erweckt
aus Fesseln der Angst
dem Leben entgegenzutreten
im friedvollen Kampf

Anika Calea

Bist du es, der da steht mit dem Kopf zu Wand,
weil er die Schatten seiner Wahrheit nicht sehen will?
Blind vor Angst, einzutauchen in die Tiefe der Liebe?!
Ohne Ziel vor Augen, verloren in sich selbst?!
Zu mutlos dem Flüstern der inneren Stimme zu lauschen?!
Zu müde seinem Herzen zu folgen?!
Doch die Herzensstimme verstummt nie,
wird niemals schweigen,
gibt dich niemals auf.
Sie glaubt an dich!

Anika Calea

Momente der Vorstellung durchfließen dich mit sanfter
Güte und brennender Vorfreude auf den Augenblick ihrer
Enthüllung

Anika Calea

liebe

Anika Calea

Gottes Plan ist unsere Chance das unvorstellbar Schöne zu entdecken

Die Liebe

Anika Calea

Die Liebe im Herzen treibt mich an
nicht zu vergessen wer ich bin
und was ich kann

Anika Calea

Du bist wie salziger Regen auf meiner Haut
Perlst an mir ab und hinterlässt doch eine Schicht der
Erinnerung
Ich kann dich schmecken,
aber nicht sehen
Fließt an mir hinab ohne eine Spur
und gräbst doch einen Pfad der Gefühle
tief in meine Haut,
bis in die hintersten Winkel meines Herzens
Du bist wie unauslöschlicher Nebel,
den nur die sehen und verstehen können,
die die Liebe in ihrer unverständlichen Tiefgründigkeit
begreifen

Anika Calea

Ich schmecke deine Sehnsucht auf meinen Lippen
und spüren deinen Atem der Ungeduld auf meiner Haut
Ein Feuer wirkt dagegen wie ein eisiger Fluss
Wie kann diese Hitze uns so lebendig machen
und gleichzeitig in der Ewigkeit des Moments
verharren lassen
Was ist es was uns antreibt und dabei doch
zusammenhält?!
Ich sage dir, es ist größer als alles!

Die Liebe

Anika Calea

Jemanden zu lieben, heißt ihn leben zu lassen
Jemanden zu lieben, bedeutet ihm zu vertrauen
Jemanden zu lieben, lässt dich selbst in dunkelster Stunde
strahlen

Anika Calea

Liebe ist Energie in ihrer gewaltigsten Form

Anika Calea

Geduld in der Liebe ist Respekt vor ihrer Freiheit

Anika Calea

Gefühle im Herzen,
Liebe im Blick,
sehe ich dich,
ertrink ich im Glück

Anika Calea

Die Sprache der Liebe kann es niemals schaffen, dieses
Gefühl in Worte zu fassen – *Zauber*

Anika Calea

Liebe ist die Poesie des Herzens

Anika Calea

Und die Liebe fliegt im Wind
frei und grenzenlos geschwind
lässt sich nieder auf dem Zweig
der auch seine Liebe zeigt
glaubt an Träume
bleibt sich treu
und erfindet sich dennoch
immer wieder neu

Anika Calea

Wer denkt die Zeit begrenzt die Liebe,
hat die wahrhaftige Natur der Liebe noch nicht
kennengelernt

Anika Calea

Liebe und Zeit belächeln den, der denkt,
dass beide nur gemeinsam existieren.
Denn für die Zeit gibt es keine Vergänglichkeit
und für die Liebe keine Zeit.
Beide existieren ewiglich und grenzenlos.

Anika Calea

Anfangs dachte ich du bist in meinem Kopf,
doch dann merkte ich,
dass mein Verstand dir schon lange keinen Platz mehr
gewähren würde,
würde ihm mein Herz nicht immer wieder deinen Namen
zuflüstern

Anika Calea

Ich spüre deine schlechten Tage
und feier mit dir deine heimlichen Siege.
Ich sehe die Tränen hinter deinem Lachen
und höre deine stummen Lieder der Freude und Zweifel.
Du berührst mich über jede Distanz.

Anika Calea

Liebe ist für die Mutigen

Anika Calea

Wenn der Flügelschlag eines Schmetterlings
die ganze Welt bewegen kann,
was kann dann erst unsere Liebe?!

Anika Calea

Perlenspiel – ein Sammelsurium aus Möglichkeiten
Verworren im Zusammenspiel der Anziehungskraft
Das Ende berührt auch immer den Anfang
Nie allein und doch immer vollständig
Wer halten will, muss auch loslassen können
Eine Verbindung die keine Erklärung braucht

Anika Calea

Liebe vergisst nie
sie erträgt
sie verzeiht
sie versteht
sie bleibt bedingungslos

Anika Calea

Liebe fließt,
mal rauschend und tosend,
mal langsam und stockend,
manchmal versickert sie für kurze Zeit,
um dann wieder kraftvoll hervorzusprudeln
Eins ist dabei sicher:
Liebe fließt nie vergebens
und kann niemals ganz austrocknen.
Unter einem ausgedorrten Bachlauf,
kann schon die nächste Quelle auf ihre Entdeckung
warten.

Anika Calea

In Liebe geküsst zu werden kann Welten bewegen

Anika Calea

Liebe ist das was du daraus machst
und trotzdem wird sie dabei immer alles sein

Anika Calea

Wer sich der Liebe verweigert,
verweigert sich dem Rufen seiner Seele
und der Sprache seines Herzens

Anika Calea

Liebe in den Augen bleibt niemals vergessen,
denn Gott dankt in Liebe den Liebenden,
aber genauso verzeiht er in Liebe den Sündern

Anika Calea

Du kannst niemals ganz untergehen,
wenn die Liebe dein Anker ist

Anika Calea

Geben ist Liebe

Ich verstehe jetzt, dass *geben* nicht bedeutet in beruflicher Hinsicht alles oder zumindest sein Bestes zu geben und zu triumphieren. *Geben* bedeutet, einem Freund ein Lächeln zu schenken, einem Kind die Welt zu zeigen, die Marmelade großzügig mit anderen zu teilen. Das Geschenk des *Gebens* ist die Liebe, die in jeder noch so kleinen Geste wohnt. Erfolg definiert sich nicht über ein Bankkonto oder geleistete Arbeitsstunden. In einer Stunde Friede und Glück mit geliebten Menschen und sei es mit dir selbst, liegt mehr Erfolg als in unzähligen Stunden des Schuftens und unglücklich sein. Wir glauben tatsächlich wir müssten mehr sein als wir wirklich sind.
Der, der mit Liebe für sich und die Welt arbeitet, muss nicht erfolgreich sein und ist es doch ganz automatisch. Er hat erkannt, dass das Glück ebenso in den kleinen, scheinbar banalen Dingen und Situationen zu finden ist. Dies ist die wahre Gnade und Chance, nicht zu müssen sondern einfach sein zu dürfen.
Dann kommt es zu dem Moment, wo du bei der Verrichtung einer jeden noch so profanen Tätigkeit strahlst als wäre es die Entdeckung der Zeit, nur, dass es dir in dieser Zeit nie wieder an etwas mangelt und du verstehst, dass es nicht darum geht mehr zu wollen, sondern mehr zu sehen und zwar in allem.

Anika Calea

Der Ausdruck deiner Liebe, ist dein Geschenk an die Welt

Anika Calea

Manchmal können wir erst erkennen was uns umgibt,
wenn wir uns ihm hingeben in voller Gänze

Anika Calea

Liebe fällt nicht einfach so aus den Wolken,
auch wenn es uns manchmal so erscheint.
Sie wächst und gedeiht in der Stille unserer Selbst,
bis sie zu ihrem Erblühen die Oberfläche durchbricht.
Das bedeutet aber nicht,
dass es sie nicht vorher gegeben hätte.
Sie hat sich zuerst alleine entwickelt,
um dann gemeinsam sich selbst zu erleben

Liebe überall

Anika Calea

Dir zu folgen über die Zeit hinaus,
ist meine Vision von Liebe

Anika Calea

Die Liebe ist nur dann ein hilfloser Pfad,
wenn du denkst die Liebe kontrollieren zu müssen
Doch wahre Liebe lässt sich nicht kontrollieren
Sie lebt einfach und nimmt die mit,
die ohne Erwartung an Wunder glauben

Anika Calea

Dieser eine Tropfen Liebe,
färbt ein ganzes Meer voller suchender Seelen ein

Anika Calea

Immer und ewiglich,
ist nur ein schwacher Ausdruck dessen was die Liebe
überdauert

Anika Calea

Liebe lohnt sich immer,
egal wie schwer der Weg auch sein mag

Anika Calea

Liebe lässt uns erkennen wer wir sind

Anika Calea

Die Liebe des Körpers ist ein starker Ausdruck der Seele,
eine alles überragende Kraft,
eine Naturgewalt

Anika Calea

Sterne leuchten der Liebe den Weg,
das Herz öffnet ihr die Tür

Anika Calea

Das Einzige, das, wenn man es teilt noch größer wird
Die Liebe

Anika Calea

Schmeckt man die Liebe auf der Zunge?
Die Süße freudiger Stunden,
die Bitterkeit ungesagter Worte,
die salzigen Tränen der Begierde,
aufgelöst in einem Geschmack köstlichen Verlangens,
nach diesem einen Menschen,
der deine Sinne zum vibrieren bringt

Anika Calea

Liebe ist der Weg
und das Herz die Antwort auf alle Fragen,
ein ankommen bei sich Zuhause,
in den Augen des Anderen

Anika Calea

Im Herzen bist du ein Held,
denn dein Herz ist bereit für die Liebe in den Krieg zu
ziehen

friedlicher Krieger

Anika Calea

Der Punkt der Liebe selbst ist,
dass sich die Liebe jede Rationalität abspricht

Anika Calea

In der Liebe können wir nur gewinnen,
wenn wir auf unsere Herzen hören

Anika Calea

Du bist meine Seele und mein Herz,
meine Gedanken und mein Schmerz

Du bist alles oder nichts,
seh mein Lachen in deinem Gesicht

Liebe

Anika Calea

Wer bist du in den Augen derer, die dich fürchten?
Wer bist du in den Augen derer, die dich lieben?
Wer bist du in deinen Augen?

Selbstliebe

Anika Calea

Weiche Erde unter starken Händen
zarte Gemüter in kargem Land
ausgleichende Gegensätzlichkeit

Yin & Yang

Anika Calea

Wer seinen Weg in und mit Liebe bestreitet,
wird von einer unsichtbaren Hand geführt

Anika Calea

Wie kann ich jemanden sagen *Ich liebe dich* ohne ihn zu verletzen, ihn verletzlich zu machen?
Denn, wem ich die Bürde des Nehmens der Liebe auferlege, dem lege ich die Last der Welt auf die Schultern.
Denn, wie kann ich geben ohne zu erwarten?!
Wie kann ich nehmen ohne zu geben?!
Ist das die Freud oder das Leid der Liebe?!
Entscheide selbst und stelle diese Frage in *bedingungsloser Liebe.*
Das Wort allein enthält es schon: *Bedingungslos.*
Ohne jede *Bedingung* ist die größte, die heiligste Form der *Liebe.*
Bedeutet: geben ohne zu nehmen
Bedeutet: mit Freude zu teilen ohne zu erwarten
Bedeutet: zu nehmen ohne Druck und Schuld
Bedeutet: die *Liebe* wahrhaftig zu verstehen, in ihrer Freiheit, in ihrer Grenzenlosigkeit!

Anika Calea

Liebe in die Welt zu tragen,
ist das Einzige was Hass heilen kann
und nicht auf Hass,
mit noch mehr Gegenhass zu reagieren

Anika Calea

Wie ein Phönix aus der Asche steigt es immer wieder auf,
das Gefühl der Liebe.
Und auch wenn es zerfällt im Feuer der Leidenschaft,
so wird es immer wieder geboren,
aus der Asche der Hoffnung,
aus der Asche des Glaubens

Anika Calea

Liebe wartet nicht auf morgen
Liebe ist in jedem Moment

Anika Calea

Und über den Schmerz da klebt er ein Pflaster,
liebevoll wie eine mütterliche Umarmung,
wärmend wie eine Decke in kalter Winternacht,
tröstend wie ein Blick aus mitfühlenden Augen.
Und plötzlich wird es da ganz still und friedlich in dir.
Das ist Gnade.
Das ist Liebe.

Anika Calea

Zu lieben bedeutet *nicht,* weniger zu sein
Zu lieben bedeutet *nicht,* sich aufgeben zu müssen
Zu lieben bedeutet vielmehr, sich in den Augen des
anderen wiederzuerkennen und zu finden
Zu lieben bedeutet, alles zu sein was man ist
Zu lieben bedeutet, gemeinsam zu wachsen und zu
strahlen

Anika Calea

Lass die Liebe wachsen wie die Blume aus einem
Samenkorn,
fliegen wie ein Vogel frei im Wind,
dich umhüllen wie Engelsflügel in stürmischen Zeiten.
Sei die Liebe, lebe die Liebe und fürchte dich nie vor ihrer
Größe

Liebe ist alles

Anika Calea

lebe

Anika Calea

Wen wir bluten,
dann weint unser Herz und schreit unsere Seele.
Doch wenn die Energie des Blutes
im staubigen Boden der Hoffnungslosigkeit und
Verzweiflung erst einmal versickert ist,
kann daraus etwas neues und wunderbares entstehen

Anika Calea

Eine Reise ist starten im gestern,
ankommen im morgen
und leben im jetzt

Was ist schon ein Abgrund?
Vielleicht ist es nur ein Schritt in den freien Fall zum
Leben,
ein ja zur Freiheit,
ein Sprung zu neuen Möglichkeiten.
Ein Abgrund kann die größte Chance deines Lebens sein,
wenn du den Flügeln der Engel vertraust.
Und Engel sind überall.
Sind Fügungen des Schicksals.
Sind Momente des Erkennens.
Sind Augenblicke des Verstehens.
Sind Wunder des Fühlens.
Sind Wege zur Bestimmung.

Anika Calea

Wie ein Bumerang kehrt alles zu dir zurück was du in die
Welt sendest, was du ihr schenkst.
Nichts bleibt ohne Antwort, alles erzeugt eine Resonanz.
Jeder deiner Gedanken hat die Kraft Tempel der Phantasie
zu Mauern der Realität werden zu lassen.
Kein Wunsch verhallt in der Leere.
Aber nur unser Herz weiß was wir wirklich begehren.
Es ist der wahrhaftige Antrieb und die tatsächliche
Führung des Bumerangs

Anika Calea

Wer ich gestern war, muss ich morgen nicht sein
Wer ich heute entscheide zu sein, muss nicht entscheiden
wer ich morgen bin
Kristallkugel aus und Phantasie ein
Stunden voller Licht
Momente voller Zauber
Tage voller Glanz
Sekunden voller Wunder
Ich bin ein Teil des Universums und das Universum selbst
Ich trage die Welt in mir und gleichzeitig trägt sie mich
Ich gestalte mein Sein in vielen Facetten und bin doch
immer eins in mir selbst

Anika Calea

Auch ein Fluss aus Tränen
kann dir den Weg zu großen Möglichkeiten bahnen

Anika Calea

Magie ist der Moment
in dem die Einsamkeit zur Freiheit wird,
ein Makel sich zur Besonderheit wandelt,
ein Mensch dich einlädt mit ihm zu wachsen,
ein Herz dich berührt
und du deine Seele erkennst

Anika Calea

Lass dir nie sagen du seist nicht schön,
denn was dem einen gefällt, ist dem anderen nichts wert,
was der eine verehrt, wird der andere nie verstehen.
Du bist genug für alle
und wunderschön für alle die dich schätzen!

Anika Calea

Freiheit ist die Dinge zu tun die man liebt

Anika Calea

Hab ich Angst vor dem Großen?
Verbiet ich es mir?
Bin ich zu klein um mit Gott zu reden?
Zu unsicher um mehr zu glauben?
Zu hoffnungslos um es zu wagen?
Aber wer bin ich es nicht zu tun?
Und so möchte ich glauben ohne zu sehen,
möchte lieben um zu heilen.
Und ich werde, denn wer bin ich, wenn ich es nicht tue
und wer möchte ich sein, wenn ich es tue?!
Also glaube ich, dass auch mir das Große zusteht und rede
mit Gott wie mit einem Freund.
Und weißt du was?!
Es ist ganz einfach!

Konfetti im Herzen
Gefühle im Kopf
Leidenschaft pulsiert durch meinen Körper
Ich atme den Hauch der Phantasie
Leben am Limit war gestern
Heute suche in den Lebenssinn,
der mich morgen und alle Tage trägt

Herzkonfetti

Anika Calea

Wer Träume hat darf an Wunder glauben,
denn die Süße eines Moments
ist der Zauber der Ewigkeit
und die Geduld der Zeit
ist das Wissen um ihre Endlosigkeit

Anika Calea

Steh auf und nimm den Feind an die Hand,
führ in in das Land der Liebe,
wo Rosen ohne Dornen wachsen,
Hass vom Regen der Güte weggespült wird
und Freude der Duft des Sommers ist

Anika Calea

Knall Farbe in dein Leben,
streich Freude in dein Herz,
tupf Liebe in dein Tun
und pinsel Glück in deinen Alltag

Für was du brennst,
dem gib die Kraft um Berge zu versetzen und Wunder
geschehen zu lassen.
Diese Kraft steckt tief in dir und ist ein nie versiegender
Brunnen der Weisheit um eine Macht die soviel größer ist
als wir selbst.
Ist ein stetig fließender Fluss den man Lebensweg nennt.
Ist ein unendliches Meer aus Intuition und Gefühl.
Sind Wellen der Ewigkeit im Zusammenspiel der
Seelenpläne.
Sind Wassertropfen des Schicksals und Wasserstrudel als
innere Führung; zu dem wofür du brennst, zum Feuer
deiner Bestimmung

Anika Calea

Wer nicht weiß wie man verzeiht,
wird immer den belächeln der es kann
und schwer an der Bitterkeit im Herzen tragen.
Heute freundlich und morgen voller Güte und Liebe zu
dem zu sein, der einem gestern das Messer in den Rücken
gerammt hat, ist die beste Schule des Lebens.
Denn, wer nicht verzeihen kann, wird sich immer fragen
warum er noch so schwer trägt, an Abneigung, Ignoranz
und Missgunst, in seinem Rucksack des Lebens.
Wer verzeiht reist ganz ohne Last und darf stolz sein den
Feind von gestern, morgen Freund zu nennen. Lass sie
dich alle belächeln, schneller vorwärts kommt der mit
leichtem Gepäck!

Anika Calea

Die Frau in mir schreit:
zieh die Schuhe aus und renn ins Meer.
Hab keine Angst nass zu werden,
denn das ist das Leben

Anika Calea

Und als ich in den Spiegel schaute,
sah ich Augen die mich anflehten zu bleiben,
Lippen die bereit waren zu sprechen,
Haut die dafür lebte berührt zu werden,
eine Seele die erkannt werden wollte

Fußabdrücke im Sand

Wir sollten wieder mehr Fußabdrücke hinterlassen.
Stempel unserer Persönlichkeit, die ein Muster in karge,
eintönige Böden prägen.
Viel zu oft sind wir darauf bedacht nicht aufzufallen und
verfallen dadurch in eine Gleichgültigkeit unseren eigenen
Herzenswünschen gegenüber.
Dann wiederum folgen wir den Pfaden der Erwartungen
unserer Familie und Freunde. Egal ob die Abdrücke uns
einengen oder uns verlieren lassen, wir versuchen
krampfhaft uns darin zu halten und zu finden.
Ein Fisch würde nie versuchen für ein Eichhörnchen auf
Bäume zu klettern, ganz einfach weil das Wasser sein
Element ist und er in diesem Element vollkommen er
selbst sein darf.
Das ist die natürliche Leichtigkeit die das Leben dir
schenkt, wenn du deinen eigenen Weg gehst.
Und was ist dein Element? Bist du mutig genug es
herauszufinden?
Es kann gut sein, dass dich auf diesem Weg auch
Hindernisse erwarten und zähe Stunden der Mühsal, aber
auf deinem Weg wirst du jede Herausforderung annehmen,
weil dein Herz dich antreibt und deine Herzensstimme
niemals lügt.
Jeder deiner Schritte wird selbstsicherer und fester je

weiter du voranschreitest, denn du lernst deiner Intuition zu vertrauen und nicht nur die Erwartung des Ziels, sondern die Freude des Weges selbst lassen dich strahlen. Ich glaube wir alle sollten wissen, dass ein Weg niemals endet. Er hat nur Biegungen, Umleitungen, Rastplätze und Stationen. Er führt uns aber immer wieder weiter, solange wir leben und ich glaube auch fest daran, darüber hinaus. Wäre es nicht traurig, wenn du in all dieser geschenkten Zeit, nur anderen, fremden Pfaden folgen würdest?! Es ist nie zu spät heimzukehren zu sich selbst. Also machen wir uns auf und entdecken unsere Schlaglöcher, Pfützen und Fußabdrücke. Auf unserem Weg, in uns selbst und in der Welt.

Anika Calea

Lust in jeder Pore,
zu entdecken, zu erobern,
neu zu gestalten,
das ist Leben

Anika Calea

Glück in jedem Moment ist unendliches Glück,
denn alles ist im Moment und jeder Moment ist alles.
Nur liegt das Glück manchmal auf der Schattenseite des
Berges, unentdeckt und ungesehen und wartet auf seinen
Einsatz auf der Sonnenseite. Und doch ist im Moment
alles, Schatten und Sonne.
Du kannst den Berg mit deinen Augen zwar nur von einer
Seite sehen, deine Seele weiß allerdings auch immer um
die andere Seite.

Anika Calea

Was du in die Welt sendest,
dem gebe die Energie mit,
dass es sie berauschen kann
vor Glückseligkeit

Anika Calea

Wunden sind der Beweis dafür, dass wir leben.
Im Schmerz und in der Freude

Anika Calea

Dieser eine Sonnenstrahl der durchs Dunkel fällt und dir
den Tag rettet,
weil er dich erwärmt!

Anika Calea

Das Leben gibt mir alles was ich brauche,
um alles zu sein was ich bin

Anika Calea

Der Duft des Sommers liegt in der Luft,
schmiegt sich betörend um mein Gesicht,
liebkost meine Haut
und flüstert meinem Herzen zu:
lebe dich selbst zu einzigartiges Wunder

Anika Calea

Phantasie lauert hinter jeder Ecke und wartet darauf mit
dir durch die Welt gehen zu dürfen

trau dich

Anika Calea

Du bist in all deinem Tun größer als du es dir jemals
vorstellen kannst,
also akzeptiere,
dass du die tiefste Wahrheit zwar nicht sehen,
aber immer in deinem Herzen fühlen kannst

Herzweg

Anika Calea

Du bist Körper und Seele,
Herz und Verstand,
bist in jedem Sandkorn
und gleichzeitig der ganze Strand

Anika Calea

Eiserne Mauern,
zerschmolzen in Hingabe an das Leben,
nicht standgehalten den Strahlen warmer Freude,
überrannt in größter Leidenschaft.
Welch ein Glück es fühlen zu dürfen!

Bestimmung

Anika Calea

Der Schmetterling breitet seine Flügel,
bereit zu springen in das Ungewisse,
nie verzagt den neuen Tag zu begrüßen mit freudigem
Flügelschlag.
Heute noch versteckt er sich in seinem Kokon
und morgen ist er bereit mit seiner Schönheit die Welt zu
beflügeln.
Transformation im Stillen,
geschenkt für den Augenblick der Enthüllung
seines wahren Seins in der Welt

Schmetterlingsflug

Anika Calea

Unkraut im Asphalt

Weiche Füße auf hartem Asphalt
zu durchlässig für diese Welt
verbrennen sich an den Nöten der Anderen
schmiegen sich trotzdem in jede Betonwunde
nur weiche Füße spüren die Stärke des Pflänzchens
das aus dem Asphalt bricht
weiche Füße spüren die Antworten der Welt

Anika Calea

Tu ichs nicht
bleibts wie es ist
unentdeckt und unerkannt
Gabe, versteckt hinter vorgehaltener Hand
Tu ichs doch
voller Zuversicht und Freude
kehrt das Leben zurück
in wohl gehütete Träume

Anika Calea

Ei
Raupe
Puppe
Schmetterling

Wachstum ist Entwicklung
Entwicklung ist Wachstum

Fortsetzung folgt......

Anika Calea